FICHE DE LECTURE

Document rédigé par Isabelle De Meese
maitre en langues et littératures françaises et romanes
(Université catholique de Louvain)

Le Vieux qui lisait des romans d'amour

Luis Sepulveda

lePetitLittéraire.fr

RÉSUMÉ 6

ÉTUDE DES PERSONNAGES 10

Antonio José Bolivar Proaño

Nushiño

Rubicondo Loachamín

Le maire

CLÉS DE LECTURE 14

Un hymne à la lecture

Deux cultures contrastées

Un engagement politique et écologique

PISTES DE RÉFLEXION 20

POUR ALLER PLUS LOIN 21

Luis Sepulveda
Écrivain chilien

- **Né en 1949 à Ovalle (Chili)**
- **Quelques-unes de ses œuvres :**
  Le Monde du bout du monde (1991), roman
  Le Vieux qui lisait des romans d'amour (1992), roman
  Histoire d'une mouette et du chat qui lui apprit à voler (1996), conte

Né en 1949 au Chili, Luis Sepulveda est un écrivain engagé. Dès sa jeunesse, il s'oppose au régime de Pinochet, ce qui lui vaut d'être emprisonné, puis exilé. Il voyage alors à travers l'Amérique du Sud, et partage pendant un an la vie des Indiens shuars afin d'étudier l'impact de la colonisation sur ces derniers.

Son œuvre, notamment *Le Monde du bout du monde* (1991) et *Le Vieux qui lisait des romans d'amour* (1992), est largement inscrite dans la lignée de son engagement politique et écologique. Luis Sepulveda vit aujourd'hui en Espagne et milite pour la Fédération internationale des droits de l'homme.

Le Vieux qui lisait des romans d'amour
Un roman engagé

- **Genre :** roman
- **Édition de référence :** *Le Vieux qui lisait des romans d'amour*, traduit de l'espagnol par François Maspero, Paris, Métailié, 1992, 140 p.
- **1re édition :** 1992
- **Thématiques :** lecture, nature, prédateur, mort, culture étrangère

Publié en 1992, *Le Vieux qui lisait des romans d'amour* est le premier roman de Luis Sepulveda, pour lequel il a reçu deux prix (France Culture étranger et Relais du roman d'évasion). Traduit en 35 langues, cet ouvrage est un bestseller.

L'œuvre raconte comment Antonio José Bolivar Proaño poursuit un félin qu'il sait, en tant que grand connaisseur de la forêt amazonienne, être à l'origine de la mort de nombreux hommes. De renommée internationale, le roman est également un hymne à la lecture.

RÉSUMÉ

Le Vieux qui lisait des romans d'amour fait s'entremêler le présent et le passé, montrant de ce fait un travail sur le temps important. Nous avons choisi de ne pas suivre cette chronologie dans le résumé.

Antonio José Bolivar Proaño passe son enfance à San Luis (Argentine). Il y rencontre sa femme, Dolores. Ils se fiancent à 13 ans et se marient deux ans plus tard. Malheureusement, ils ne parviennent pas à avoir d'enfant. Ils décident alors de déménager à El Idilio, un petit village perdu dans la forêt amazonienne, pour changer d'air. Là, on officialise leur qualité de colons à la faveur du plan d'occupation de l'Amazonie. Sur leur nouvelle terre, ils construisent une cabane.

Deux ans plus tard, Dolores meurt, emportée par la malaria. En colère, Antiono rêve de se venger de l'Amazonie. Or, il commence à apprécier la liberté de cette région dans laquelle il a connu l'infortune. Par ailleurs, il apprend la langue des Indiens shuars et devient un des leurs après qu'un sorcier l'a guéri de la morsure mortelle d'un reptile à laquelle peu survivent habituellement.

Un jour, cinq étrangers sont pris de panique à l'arrivée des Shuars et tirent sur deux indigènes avant de prendre la fuite. L'un meurt sur le coup tandis que le meilleur ami d'Antonio, Nushiño, est entre la vie et la mort. Puisqu'il leur doit la vie, Bolivar poursuit le blanc et le tue avec son fusil, ce qui entraine son bannissement de la tribu pour ne pas avoir exécuté l'homme d'un dard de sarbacane empoisonné, comme le veut la coutume.

Quelque temps après le retour de Bolivar dans le village, deux fonctionnaires gouvernementaux se présentent pour les élections présidentielles. Seules les personnes sachant lire sont priées de voter. Antonio fait alors une découverte importante : il sait lire. Alors que la saison des pluies arrive, pour la première fois de sa vie, Bolivar se sent seul : il se rend donc à El Dorado où Rubicondo Loachamín, un dentiste contestataire, lui présente l'institutrice, qui possède une bibliothèque. Cinq mois durant, il parcourt toutes sortes de récits et découvre son gout prononcé pour les romans d'amour. Par la suite, Loachamín, qui se rend deux fois par an dans le village isolé à bord du *Sucre*, un bateau chargé de provisions, le ravitaillera en livres à chacun de ses passages.

Antonio évoque la visite de quatre Américains. Le maire désigne Bolivar comme « le meilleur connaisseur de l'Amazonie » (p. 80). Mais, après les avoir rencontrés, celui-ci déclare ne pas vouloir traiter avec des gens irrespectueux. Orgueilleux, le maire s'emporte. Il recommande d'autres personnes aux *gringos* et a l'intention d'expulser Bolivar. Une semaine plus tard, trois des quatre étrangers sont de retour : l'un des leurs a été tué. Le maire offre alors son amitié à Bolivar et lui demande de ramener le cadavre. Sans difficulté, celui-ci s'exécute pour ensuite retrouver la paix et s'adonner à sa passion, la lecture.

Peu de temps après, sur le quai du port, les habitants s'installent chacun à leur tour sur le fauteuil mobile du dentiste. Alors que l'équipage du *Sucre* est prêt à appareiller, des Indiens shuars arrivent en pirogue et annoncent qu'un *gringo* (un Américain) a été retrouvé mort, une nouvelle qui remet à plus tard le départ de l'équipage et du docteur.

À peine arrivé sur le quai, le maire accuse les Shuars, qu'il traite de « sauvages » (p. 24), d'avoir assassiné l'Américain à la machette. Ceux-ci s'en défendent et Bolivar les soutient : après avoir examiné le cadavre, ce dernier conclut que c'est un animal adulte, plus précisément une femelle ocelote, qui a tué l'homme. Le maire ne veut rien entendre et Bolivar argumente : le *gringo* a probablement tué les petits et blessé le mâle, à la suite de quoi la femelle s'est certainement vengée. Il prévient le maire qu'« une ocelote folle de douleur est plus dangereuse que vingt assassins réunis » (p. 28).

Plus tard, un autre décès est signalé. Cette fois, le maire croit Bolivar et tout le village craint désormais l'animal. Le maire donne alors l'ordre à Bolivar de préparer une expédition pour le lendemain en vue d'abattre la féroce prédatrice.

Le premier jour de l'expédition, en milieu d'après-midi, les nuages commencent à assombrir la forêt : Bolivar et le maire prennent la décision de s'arrêter. Le deuxième jour, ils arrivent au comptoir de Miranda, qui a lui aussi été tué par la bête. Intuitivement, le vieux explique aux autres ce qui a dû se passer.

Le soir, Antonio lit tandis que l'un des accompagnateurs est intrigué par cette activité. Ses compagnons se réveillent tous, même le maire, et lui demandent de lire à voix haute. Alors qu'ils se partagent leurs impressions, le vieux les prévient de la présence de la bête, qui s'enfuit. Perdant patience, le maire demande à Bolivar d'agir seul, ce qu'il accepte. Lorsqu'il trouve le félin, le vieux fait mine de s'enfuir et la femelle le met à terre sans l'attaquer. Tristement, elle lui montre le mâle à l'agonie : Bolivar abrège ses souffrances comme le veut l'ocelote, qui disparait ensuite.

Tandis qu'il dort sous une pirogue retournée, Bolivar rêve d'une bête qui se métamorphose. Le sorcier shuar lui dit qu'il s'agit de la mort et qu'il faut chasser l'animal onirique qui se trouve au-dessus de la pirogue. Le vieux se réveille et constate que l'ocelote est là, au-dessus de lui. Lorsqu'il sort, elle attaque. À l'apogée du saut du félin, il lui porte le coup fatal.

ÉTUDE DES PERSONNAGES

ANTONIO JOSÉ BOLIVAR PROAÑO

Antonio José Bolivar Proaño est le personnage principal du *Vieux qui lisait des romans d'amour*. Originaire de la montagne, c'est un vieil homme illustre à l'aspect nerveux dont l'âge est un mystère. À El Idilio, il habite seul dans une minuscule cabane en bambou où il passe son temps à lire.

Au mur, on peut admirer une photographie artistique le représentant lui et sa défunte femme, Dolores Encarnación del Santísimo Estupiñán Otavalo, rencontrée dans son enfance à San Luis. Pour leur plus grand désespoir, Dolores ne tombe pas enceinte et, les commérages s'amplifiant, le couple décide de changer d'air. Après des semaines de voyage, ils arrivent à El Idilio où on leur offre deux hectares de forêt en leur qualité de colons. Malheureusement, deux ans plus tard, Dolores est emportée par la malaria.

Suite à cet évènement, Bolivar poursuit un rêve : se venger de cette « région maudite » (p. 41) qu'est l'Amazonie. Mais il se met à fréquenter les Shuars, apprend leur langue, et commence à aimer « ces espaces sans limites et sans maîtres » (p. 41) qui le font se sentir libre. Les Indiens lui apprennent tant la vie dans la forêt amazonienne que leurs us et coutumes :

> « La vie dans la forêt avait trempé chaque centimètre de son corps. [...] Sa connaissance de la forêt valait celle d'un Shuar. [...] Il savait suivre une piste comme un Shuar, mais il n'était pas un Shuar. (p. 47)

Fiable, le vieux est respecté et écouté par tout un chacun. Sa connaissance pointue de la forêt et du peuple primitif lui permet même de contredire le maire, avec qui il ne s'entend pas. Les hommes retrouvés morts ne sont pas l'œuvre des Shuars, mais bien d'un ocelot femelle qu'il arrivera à pister et à tuer, fort de son enseignement. Bolivar est un chasseur juste, une qualité qu'il a héritée des Indiens : il se sent avili et profondément peiné une fois qu'il a abattu la bête. En effet, il sait que si le félin a tué tous ces hommes, c'est uniquement parce que l'un d'eux avait blessé le mâle et lui avait pris ses petits.

NUSHIÑO

Nushiño est un Indien qui devient le meilleur ami de Bolivar. Comme lui, il vient de loin et il a été soigné par les Shuars : il est arrivé chez eux inconscient, avec une balle dans le dos suite à l'expédition des militaires péruviens. Homme fort qui « défiait à la nage les dauphins du fleuve » (p. 46), c'est aussi une personne clémente et gaie.

Un jour, des aventuriers étrangers lui tirent dessus avant de disparaitre : il agonise et meurt. Le vieux le vengera, entrainant son bannissement du peuple shuar pour ne pas avoir respecté leurs coutumes. Ainsi, la vie de Bolivar change radicalement : de son existence collective, il ne reste que des souvenirs qu'il garde en mémoire alors qu'il est forcé d'apprendre la vie en solitaire.

RUBICONDO LOACHAMÍN

Fils « illégitime d'un émigrant ibérique (p. 12), c'est un dentiste qui, tous les six mois, se rend à El Idilio avec les matelots du *Sucre*. Il installe son fauteuil sur le quai du port pour y soigner les dents des habitants, qui attendent sa venue avec impatience. À force de jurons, ce docteur anesthésie verbalement ses patients qui se plaignent du mal. Loachamín n'a qu'une affirmation : c'est la faute du gouvernement. Contestataire au caractère fort, anarchiste dans sa jeunesse, il déteste les *gringos* et toutes les formes d'autorité : « Tiens-toi tranquille, bordel ! Bas les pattes ! Je sais bien que ça te fait mal. Mais à qui la faute, hein ? À moi ? Non : au gouvernement ! » (p. 11-12)

À sa venue, il discute du temps passé avec son ami Bolivar tout en dégustant du vin. Il occupe un rôle capital dans le récit puisqu'il est le principal fournisseur de romans du vieux.

LE MAIRE

C'est l'« unique fonctionnaire [et l']autorité suprême » (p. 21) d'El Idilio. Cet homme obèse qui transpire constamment, une caractéristique physique qui lui vaut le surnom de « Limace », a atterri dans le village parce qu'il était à l'origine d'un détournement de fonds dans une grande ville de la montagne. Avide d'argent, il a la manie de taxer ses habitants. En égoïste qui profite de sa position, il est détesté et méprisé par la peuplade. Son prédécesseur, tué à coups de machette par des chercheurs d'or, était quant à lui apprécié, notamment grâce à sa devise : « Vivre et laisser vivre. » (p. 22)

Parce qu'il est persuadé que sa femme autochtone l'ensorcèle, le maire la bat. Il a en effet quelques lubies : s'il ne boit pas de frontera et d'aguardiente comme tout un chacun à El Idilio, c'est parce qu'il est convaincu que ces alcools sont la source de ses cauchemars. C'est un personnage qui vit « dans la hantise et la folie » (p. 22).

Malgré son apparence sans cœur, le maire a ses états d'âme. Amateur de bière, il possède sa propre réserve. Il boit beaucoup, mais lentement car il sait que « le stock épuisé, la réalité se ferait plus désespérante encore » (p. 21).

CLÉS DE LECTURE

UN HYMNE À LA LECTURE

Dès le titre, on s'imagine aisément que le roman abordera le thème de la lecture à travers son personnage principal, Antonio José Bolivar. Le vieux est passionné par les romans d'amour, des textes dont il lit minutieusement chaque phrase, chaque mot, chaque syllabe « comme s'il les dégustait » (p. 34) à l'instar du vin qui l'accompagne durant les heures consacrées à cette activité.

Constamment occupé durant sa vie avec les Shuars, il ne ressent pas d'abord le besoin de lire. C'est à El Idilio, lorsqu'il se retrouve seul, que l'histoire de l'homme qui fait connaissance avec l'univers des livres commence :

- la découverte importante de sa capacité à lire a lieu le jour où des fonctionnaires gouvernementaux sont de passage pour les élections. Puisque Bolivar sait lire, il peut voter ;
- intrigué par sa nouvelle aptitude, le héros n'a cependant rien à feuilleter sous la main. Le maire lui prête quelques journaux à contrecœur, mais le vieux n'y trouve aucun intérêt ;
- c'est lorsqu'un prêtre arrive à El Idilio que Bolivar découvre l'existence des livres. Prêt à partir, le curé attend sur le quai où il lit une vieille biographie de saint François d'Assise. Lorsqu'il somnole, le vieux lui

emprunte son ouvrage, qui lui procure beaucoup de plaisir. Le départ du prêtre éveille son envie de parcourir des récits ;

- Bolivar se rend à El Dorado, où le dentiste lui présente l'institutrice du village qui possède une bibliothèque que, durant cinq mois, le vieux consulte afin de se forger son propre profil de lecteur ;
- il découvre sa passion pour les romans d'amour. *Le Rosaire* de Florence L. Barclay (écrivaine anglaise, 1862-1921) est sa première révélation parce qu'on y retrouve tous les ingrédients qu'il aime : amour, joie, peine et *happy end*.

Si la lecture occupe les journées solitaires du vieux à El Idilio, elle l'aide aussi à « oublier la barbarie des hommes » (p. 130) et à cicatriser les blessures du passé « en laissant béantes les profondeurs de sa mémoire pour les remplir de bonheurs et de tourments d'amour plus éternels que le temps » (p. 66).

Le début du chapitre 6 est consacré à l'acte de lecture. Bolivar lit l'incipit d'un roman d'amour tandis que ses impressions et ses réflexions sont évoquées par le narrateur :

- la lecture permet au vieux de mieux connaitre le monde (parfois, il lui est difficile d'imaginer certains éléments : il se demande par exemple ce qu'est une gondole) ;
- Bolivar infère et déduit pour comprendre le sens de certains mots ;
- il repère le rôle des personnages du roman ;

- il s'étonne du baiser que s'échangent les amants et met en jeu son expérience personnelle avec sa femme Dolores ;
- il est préoccupé de ne pouvoir se représenter Venise.

Au chapitre 8, c'est la lecture collective et partagée qui est célébrée. Un soir, le vieux se met à lire. Ses compagnons sont alors intrigués par l'objet livre et ils lui demandent de lire à voix haute. Tous l'écoutent, même le maire. Tout en finesse, Bolivar explique que son récit parle de l'amour qui fait souffrir et l'un de ses coéquipiers de lancer : « Sans blague ? Avec des bonnes femmes riches, chaudes et tout ? » (p. 106) Le vieux se fâche de sa rustrerie. Tous ensemble, ils discutent alors du vocabulaire incompris et échangent leurs « opinions entrecoupées d'anecdotes piquantes » (p. 107). Les zones d'ombre s'éclairent peu à peu. Par contre, l'inexplicable persiste en ce qui concerne la ville de Venise. C'est le maire qui prend alors la parole puisqu'il a reçu de l'instruction.

DEUX CULTURES CONTRASTÉES

Deux cultures très différentes sont présentées dans le roman de Sepulveda. Chacune d'entre elles occupe un lieu spécifique :

- dans la forêt amazonienne vivent les Indiens shuars, qui représentent plus généralement les peuples primitifs, mais aussi l'ocelot femelle, qui peut être considéré comme le symbole de la résistance à l'envahisseur ;

- à El Idilio, on retrouve les colons, le maire, les *gringos*, les chercheurs d'or et les Jivaros (nom donné par les conquérants espagnols aux autochtones rejetés par les Shuars, leur propre peuple, pour être soi-disant avilis par les blancs). Tous menacent l'ordre qui règne en Amazonie.

À l'intersection de ces deux cultures se trouve Antonio José Bolivar : c'est un colon, mais il a longtemps vécu avec les Indiens, dont il a hérité son amour pour la faune et la flore.

Les Shuars connaissent en profondeur la forêt amazonienne et ses nombreux aspects. Ce n'est pas le cas des colons qui, lorsqu'ils commencent à habiter à El Idilio, montrent très vite leur incompétence : certains meurent emportés par la fièvre, empoisonnés par des fruits vénéneux ou avalés par un serpent. Les autres luttent contre la pluie, les moustiques, les bêtes, etc. Les prenant en pitié, les Indiens leur apprennent la chasse, la pêche, la construction de cabanes solides, la cueillette de fruits comestibles et la vie en forêt en général. Selon Bolivar, les Shuars sont « sympathiques comme une bande de ouistitis, bavards comme des perroquets saouls, et hurleurs comme des diables » (p. 42).

Le malheur de Bolivar est de devoir se couper en deux parce qu'il n'est ni un véritable Shuar ni un colon dévastateur, bien qu'aucune des deux cultures n'ait de secret pour lui. C'est parce qu'il connait ces deux civilisations en profondeur que le vieux est profondément respectueux. Cependant, le destin veut que, contre sa volonté, il porte atteinte à son intégrité en devenant le chasseur injuste qu'il n'avait jamais été. Involontairement, il est obligé de tuer l'ocelot, qui s'est vengé de ses bourreaux. Lorsqu'il accomplit son acte, il a « les yeux brouillés de larmes » et il « [jette] rageusement le fusil [...] sans gloire » (p. 130).

UN ENGAGEMENT POLITIQUE ET ÉCOLOGIQUE

Si le titre du roman ne laisse en aucun cas présager un quelconque parti pris politique et écologique, ce n'est pas le cas de sa double dédicace. En effet, le roman est dédié à Chico Mendès (1944-1988), un ami de Luis Sepulveda, qu'il décrit comme « l'un des plus ardents défenseurs de l'Amazonie et l'une des figures les plus illustres et les plus conséquentes du mouvement écologique universel » (p. 7). Mais l'auteur le dédie également à Miguel Tzenke, « syndic shuar [...] grand défenseur de l'Amazonie » (p. 9).

De plus, à travers certains personnages, et particulièrement les *gringos*, les chercheurs d'or et le maire, Sepulveda représente la colonisation forcée et la dévastation de la forêt amazonienne, qu'il dénonce. Les colons se font de plus en plus nombreux au fur et à mesure de l'avancement de l'histoire, et avec eux les machines. Ils sont sans scrupules et s'installent sans se préoccuper des habitudes du peuple shuar et de la faune. Les Indiens se voient obligés de migrer vers l'est, tout comme les espèces animales quand celles-ci ne disparaissent pas.

Cette image négative est cependant nuancée dans la personne de Bolivar, grand connaisseur et défenseur de l'Amazonie : le vieux « maudi[t] le *gringo*, responsable de la tragédie, le maire, les chercheurs d'or, tous ceux qui souillaient la virginité de son Amazonie » (p. 130). En outre, Bolivar, qui est le premier nom de famille d'Antonio José, est un hommage à Simon Bolivar (1783-1830), un général vénézuélien surnommé « Libertador » pour avoir émancipé l'Amérique du Sud de ses envahisseurs.

PISTES DE RÉFLEXION

QUELQUES QUESTIONS POUR APPROFONDIR SA RÉFLEXION…

- Deux formes de lecture sont représentées dans le roman. Lesquelles et quelles sont leurs fonctions ?
- Pourquoi peut-on dire que Bolivar se situe à l'intersection de deux cultures ?
- Ce roman représente deux univers totalement différents : le monde des colons et celui des Indiens. À travers quels personnages sont-ils représentés ? Comment ces deux mondes sont-ils représentés ? Pensez-vous que l'auteur se montre critique par rapport à l'un ou à l'autre ?
- À quoi servent les deux dédicaces du livre ?
- Cette œuvre a reçu le prix du roman d'évasion. Qu'est-ce qui en fait, selon vous, un récit d'aventures ?
- À votre avis, pourquoi Sepulveda a-t-il opté pour un récit qui ne suit pas l'ordre chronologique ?
- Deux mots reviennent fréquemment : les verbes « comprendre » et « apprendre ». Pensez-vous qu'ils constituent des clés pour interpréter le récit ?
- Comparez le roman avec son adaptation cinématographique. Celle-ci vous semble-t-elle fidèle au texte ?

POUR ALLER PLUS LOIN

ÉDITION DE RÉFÉRENCE

- Sepulveda L., *Le Vieux qui lisait des romans d'amour*, Paris, Métailié, 1992.

ADAPTATION

- *Le Vieux qui lisait des romans d'amour* (*The Old Man Who Read Love Stories*), film de Rolf de Heer, avec Richard Dreyfus, 2001.

SUR LEPETITLITTÉRAIRE.FR

- Commentaire du chapitre 2 du *Vieux qui lisait des romans d'amour*
- Fiche de lecture sur l'*Histoire d'une mouette et du chat qui lui apprit à voler* de Luis Sepulveda
- Questionnaire de lecture sur *Le Vieux qui lisait des romans d'amour*

Retrouvez notre offre complète sur lePetitLittéraire.fr

- des fiches de lectures
- des commentaires littéraires
- des questionnaires de lecture
- des résumés

Anouilh
- Antigone

Austen
- Orgueil et Préjugés

Balzac
- Eugénie Grandet
- Le Père Goriot
- Illusions perdues

Barjavel
- La Nuit des temps

Beaumarchais
- Le Mariage de Figaro

Beckett
- En attendant Godot

Breton
- Nadja

Camus
- La Peste
- Les Justes
- L'Étranger

Carrère
- Limonov

Céline
- Voyage au bout de la nuit

Cervantès
- Don Quichotte de la Manche

Chateaubriand
- Mémoires d'outre-tombe

Choderlos de Laclos
- Les Liaisons dangereuses

Chrétien de Troyes
- Yvain ou le Chevalier au lion

Christie
- Dix Petits Nègres

Claudel
- La Petite Fille de Monsieur Linh
- Le Rapport de Brodeck

Coelho
- L'Alchimiste

Conan Doyle
- Le Chien des Baskerville

Dai Sijie
- Balzac et la Petite Tailleuse chinoise

De Gaulle
- Mémoires de guerre III. Le Salut. 1944-1946

De Vigan
- No et moi

Dicker
- La Vérité sur l'affaire Harry Quebert

Diderot
- Supplément au Voyage de Bougainville

Dumas
- Les Trois Mousquetaires

Énard
- Parlez-leur de batailles, de rois et d'éléphants

Ferrari
- Le Sermon sur la chute de Rome

Flaubert
- Madame Bovary

Frank
- Journal d'Anne Frank

Fred Vargas
- Pars vite et reviens tard

Gary
- La Vie devant soi

Gaudé
- La Mort du roi Tsongor
- Le Soleil des Scorta

Gautier
- La Morte amoureuse
- Le Capitaine Fracasse

Gavalda
- 35 kilos d'espoir

Gide
- Les Faux-Monnayeurs

Giono
- Le Grand Troupeau
- Le Hussard sur le toit

Giraudoux
- La guerre de Troie n'aura pas lieu

Golding
- Sa Majesté des Mouches

Grimbert
- Un secret

Hemingway
- Le Vieil Homme et la Mer

Hessel
- Indignez-vous !

Homère
- L'Odyssée

Hugo
- Le Dernier Jour d'un condamné
- Les Misérables
- Notre-Dame de Paris

Huxley
- Le Meilleur des mondes

Ionesco
- Rhinocéros
- La Cantatrice chauve

Jary
- Ubu roi

Jenni
- L'Art français de la guerre

Joffo
- Un sac de billes

Kafka
- La Métamorphose

Kerouac
- Sur la route

Kessel
- Le Lion

Larsson
- Millenium I. Les hommes qui n'aimaient pas les femmes

Le Clézio
- Mondo

Levi
- Si c'est un homme

Levy
- Et si c'était vrai...

Maalouf
- Léon l'Africain

Malraux
- La Condition humaine

Marivaux
- La Double Inconstance
- Le Jeu de l'amour et du hasard

Martinez
- Du domaine des murmures

Maupassant
- Boule de suif
- Le Horla
- Une vie

Mauriac
- Le Nœud de vipères

Mauriac
- Le Sagouin

Mérimée
- Tamango
- Colomba

Merle
- La mort est mon métier

Molière
- Le Misanthrope
- L'Avare
- Le Bourgeois gentilhomme

Montaigne
- Essais

Morpurgo
- Le Roi Arthur

Musset
- Lorenzaccio

Musso
- Que serais-je sans toi ?

Nothomb
- Stupeur et Tremblements

Orwell
- La Ferme des animaux
- 1984

Pagnol
- La Gloire de mon père

Pancol
- Les Yeux jaunes des crocodiles

Pascal
- Pensées

Pennac
- Au bonheur des ogres

Poe
- La Chute de la maison Usher

Proust
- Du côté de chez Swann

Queneau
- Zazie dans le métro

Quignard
- Tous les matins du monde

Rabelais
- Gargantua

Racine
- Andromaque
- Britannicus
- Phèdre

Rousseau
- Confessions

Rostand
- Cyrano de Bergerac

Rowling
- Harry Potter à l'école des sorciers

Saint-Exupéry
- Le Petit Prince
- Vol de nuit

Sartre
- Huis clos
- La Nausée
- Les Mouches

Schlink
- Le Liseur

Schmitt
- La Part de l'autre
- Oscar et la Dame rose

Sepulveda
- Le Vieux qui lisait des romans d'amour

Shakespeare
- Roméo et Juliette

Simenon
- Le Chien jaune

Steeman
- L'Assassin habite au 21

Steinbeck
- Des souris et des hommes

Stendhal
- Le Rouge et le Noir

Stevenson
- L'Île au trésor

Süskind
- Le Parfum

Tolstoï
- Anna Karénine

Tournier
- Vendredi ou la Vie sauvage

Toussaint
- Fuir

Uhlman
- L'Ami retrouvé

Verne
- Le Tour du monde en 80 jours
- Vingt mille lieues sous les mers
- Voyage au centre de la terre

Vian
- L'Écume des jours

Voltaire
- Candide

Wells
- La Guerre des mondes

Yourcenar
- Mémoires d'Hadrien

Zola
- Au bonheur des dames
- L'Assommoir
- Germinal

Zweig
- Le Joueur d'échecs

Et beaucoup d'autres sur lePetitLittéraire.fr

www.lepetitlitteraire.fr

ISBN version imprimée : 978-2-8062-1348-8
ISBN version numérique : 978-2-8062-1839-1
Dépôt légal : D/2013/12.603/358

9109563R00017

Printed in Germany
by Amazon Distribution
GmbH, Leipzig